LOUIS FERDINAND CÉLINE

AUTRES PAMPHLETS

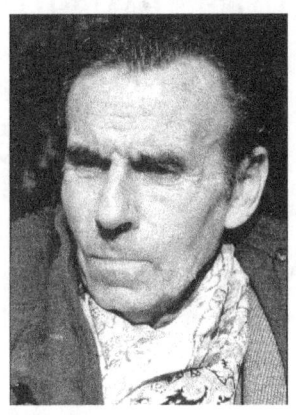

OMNIA VERITAS

LOUIS FERDINAND CÉLINE

AUTRES PAMPHLETS :

Hommage à Zola

MEA CULPA - *1936*

À l'agité du bocal

Publié par

OMNIA VERITAS LTD

www.omnia-veritas.com

HOMMAGE À ZOLA

Cédant aux instances d'un ami très cher, L. F. Céline fit en 1933 un discours public, le seul de sa carrière littéraire. C'était à Médan, un jour d'été. On demandait à l'auteur du *Voyage au bout de la nuit* de rendre hommage à Zola. L.-F. Céline, en définissant l'œuvre de l'écrivain naturaliste, dépeignait l'époque où elle fut écrite, et cela l'amena à parler de la condition de l'écrivain d'après-guerre. Ces pages, en quelque sorte un commentaire avant la lettre de *Mort à crédit* furent publiées en 1936 par Robert Denoël dans sa plaquette "Apologie de *Mort à crédit.*"

Les hommes sont des mystiques de la mort dont il faut se méfier.

En pensant à Zola nous demeurons un peu gêné devant son œuvre, il est trop près de nous encore pour que nous le jugions bien, je veux dire dans ses intentions. Il nous parle de choses qui nous sont familières... Il nous serait bien agréable qu'elles aient un peu changé. Qu'on nous permette un petit souvenir personnel. À l'Exposition de 1900, nous étions encore bien jeune, mais nous avons gardé le souvenir quand même bien vivace, que c'était une énorme brutalité. Des pieds surtout, des pieds partout et des poussières en nuages si épais qu'on pouvait les toucher. Des gens interminables défilant, pilonnant, écrasant l'Exposition, et puis ce trottoir roulant qui grinçait jusqu'à la galerie des machines, pleine, pour la première fois de métaux en torture, de menaces colossales, de catastrophes en suspens. La vie moderne commençait.

Depuis on n'a pas fait mieux. Depuis *l'Assommoir* non plus on n'a pas fait mieux. Les choses en sont restées là avec quelques variantes. Avait-il, Zola, travaillé trop bien pour ses successeurs ? Ou bien les nouveaux venus ont-ils eu peur du naturalisme ? Peut-être...

Aujourd'hui, le naturalisme de Zola, avec les moyens que nous possédons pour nous renseigner, devient presque impossible. On ne sortirait pas de prison si on racontait la vie telle qu'on la sait, à commencer par la sienne. Je veux dire telle qu'on la comprend depuis une vingtaine d'années. Il fallait à Zola déjà quelque héroïsme pour montrer aux hommes de son temps quelques gais tableaux de la réalité. La réalité d'aujourd'hui ne serait permise à personne. À nous donc les symboles et les rêves ! Tous les transferts que la loi n'atteint pas, n'atteint pas encore ! Car enfin c'est dans les symboles et les rêves que nous passons les neuf dixièmes de notre vie, puisque les neuf dixièmes de l'existence, c'est-à-dire du plaisir vivant, nous sont inconnus ou interdits. Ils seront bien traqués aussi, les rêves, un jour ou l'autre. C'est une dictature qui nous est due.

La position de l'homme au milieu de son fatras de lois, de coutumes, de désirs, d'instincts noués, refoulés, est devenue si périlleuse, si artificielle, si arbitraire, si tragique et si grotesque en même temps, que jamais la littérature ne fut si facile à concevoir qu'à présent, mais aussi plus difficile à supporter. Nous sommes environnés de pays entiers d'abrutis anaphylactiques, le moindre choc les précipite dans des convulsions meurtrières à n'en plus finir.

Nous voici parvenus au but de vingt siècles de haute civilisation et cependant aucun régime ne résisterait à deux mois de vérité. Je veux dire la société marxiste aussi bien que nos sociétés bourgeoises et fascistes.

L'homme ne peut persister en effet dans aucune de ces formes sociales, entièrement brutales, toutes masochistes, sans la violence d'un mensonge permanent et de plus en plus massif, répété frénétique "totalitaire" comme on l'intitule.

Privées de cette contrainte, elles s'écrouleraient dans la pire anarchie, nos sociétés. Hitler n'est pas le dernier mot, nous verrons plus épileptique encore, ici peut-être. Le naturalisme dans ces conditions, qu'il le veuille ou non, devient politique. On l'abat. Heureux ceux que gouvernèrent le cheval de Caligula.

Les gueulements dictatoriaux vont partout à présent à la rencontre des hantés alimentaires innombrables, de la monotonie des tâches quotidiennes, de l'alcool, des myriades refoulées, tout cela plâtre dans un immense narcissisme sadico-masochiste toute issue de recherches, d'expériences et de sincérité sociale. On me parle beaucoup de jeunesse, le mal est plus profond que la jeunesse ! Je ne vois en fait de jeunesse qu'une mobilisation d'ardeurs apéritives, sportives, automobiles, spectaculaires, mais rien de neuf. Les jeunes, pour les idées au moins, demeurent en grande majorité à la traîne des rats bavards, filoneux, homicides. À ce propos, pour demeurer équitables, notons que la jeunesse n'existe pas au sens romantique que nous prêtons encore à ce mot. Dès l'âge de dix ans, le destin de l'homme me semble à peu près fixé, dans ses ressorts émotifs tout au moins, après ce temps nous n'existons plus que par d'insipides redites, de moins en moins sincères de plus en plus théâtrales. Peut-être, après tout, les "civilisations" subissent-elles le même sort ? La nôtre semble bien coincée dans une incurable psychose guerrière. Nous ne vivons plus que pour ce genre de redites destructrices. Quand nous observons de quels préjugés rancis, de quelles fariboles pourries peut se repaître le fanatisme absolu de millions d'individus prétendus évolués, instruits dans les meilleures écoles d'Europe, nous sommes autorisés, certes, à nous demander si l'instinct de mort chez l'Homme, dans ces sociétés, ne domine pas déjà définitivement l'instinct de vie. Allemands, Français, Chinois, Valaques... Dictatures ou pas ! Rien que des prétextes à jouer à la mort.

Je veux bien qu'on peut tout expliquer par les réactions malignes de défense du capitalisme ou l'extrême misère. Mais les choses ne sont pas si simples ni aussi pondérables. Ni la misère profonde, ni l'accablement policier ne justifient ces ruées en masse vers les nationalismes extrêmes, agressifs, extatiques de pays entiers. On peut expliquer certes ainsi les choses aux fidèles, tout convaincus d'avance, les mêmes auxquels on expliquait il y a douze mois encore l'avènement imminent, infaillible, du communisme en Allemagne. Mais le goût des guerres e ! des massacres ne saurait avoir pour origine essentielle l'appétit de conquête, de pouvoir et de bénéfices des classes dirigeantes. On a tout dit, exposé, dans ce dossier, sans dégoûter personne. Le sadisme unanime actuel procède avant tout d'un désir de néant profondément installé dans l'Homme et surtout dans la masse des hommes, une sorte d'impatience amoureuse, à peu près irrésistible, unanime, pour la mort. Avec des coquetteries, bien sûr, mille dénégations, mais le tropisme est là, et d'autant plus puissant qu'il est parfaitement secret et silencieux.

Or, les gouvernements ont pris la longue habitude de leurs peuples sinistres, ils leur sont bien adaptés. Ils redoutent, dans leur psychologie, tout changement. Ils ne veulent connaître que le pantin, l'assassin sur commande, la victime sur mesure. Libéraux, marxistes, fascistes ne sont d'accord que sur un seul point : des soldats !... Et rien de plus et rien de moins. Ils ne sauraient que faire en vérité de peuples absolument pacifiques.

Si nos maîtres sont parvenus à cette tacite entente pratique c'est peut-être qu'après tout l'âme de l'Homme s'est définitivement cristallisée sous cette forme suicidaire.

On peut obtenir tout d'un animal par la douceur et la raison, tandis que les grands enthousiasmes de masses, les frénésies durables des foules sont presque toujours stimulés, provoqués, entretenus par la bêtise et la brutalité. Zola n'avait point à envisager les mêmes problèmes sociaux dans son oeuvre, surtout présentés sous cette forme despotique. La foi scientifique, alors bien nouvelle, fit penser aux écrivains de son époque à une certaine foi sociale, à une raison d'être "optimiste". Zola croyait à la vertu, il pensait à faire horreur au coupable mais non à le désespérer. Nous savons aujourd'hui que la victime en redemande toujours du martyre et davantage. Avons-nous encore sans niaiserie le droit de faire figurer dans nos écrits une providence quelconque ? Il faudrait avoir la foi robuste. Tout devient plus tragique et plus irrémédiable à mesure qu'on pénètre davantage dans le Destin de l'Homme, qu'on cesse de l'imaginer pour le vivre tel qu'il est réellement... On le découvre. On ne veut pas encore l'avouer. Si notre musique tourne au tragique, c'est qu'elle a ses raisons. Les mots d'aujourd'hui comme notre musique vont plus loin qu'au temps de Zola. Nous travaillons à présent par la sensibilité et non plus par l'analyse, en somme "du dedans". Nos mots vont jusqu'aux instincts et les touchent parfois, mais en même temps, nous avons appris que là s'arrêtait, et pour toujours, notre pouvoir.

Notre Coupeau à nous ne boit plus tout à fait autant que le premier. Il a reçu de l'instruction... Il délire bien davantage. Son délirium est un bureau standard avec treize téléphones. Il donne ses ordres au monde. Il n'aime pas les dames. Il est brave aussi. On le décore à tour de bras. Dans le jeu de l'Homme, l'Instinct de mort, l'Instinct silencieux est décidément bien placé, peut-être à côté de l'égoïsme. Il tient la place du zéro dans la roulette. Le Casino gagne toujours. La mort aussi. La loi des grands nombres travaille pour elle. C'est une loi sans défaut. Tout ce que nous entreprenons, d'une manière ou d'une autre, très tôt, vient buter contre elle et tourne à la haine, au sinistre, au ridicule. Il faudrait être doué d'une manière bien bizarre pour parler d'autre chose que de mort en des temps où sur terre, sur les eaux, dans les airs, au présent, dans l'avenir, il n'est question que de cela. Je sais qu'on peut encore aller danser musette au cimetière et parler d'amour aux abattoirs, l'auteur comique garde ses chances, mais c'est un pis-aller.

Quand nous serons devenus moraux tout à fait au sens où nos civilisations l'entendent et le désirent et bientôt l'exigeront, je crois que nous finirons par éclater tout à fait aussi de méchanceté. On ne nous aura laissé pour nous distraire que l'instinct de destruction. C'est lui qu'on cultive dès l'école et qu'on entretient tout au long de ce qu'on intitule encore : la vie. Neuf lignes de crimes, une d'ennui. Nous périrons tous en chœur, avec plaisir en somme, dans un monde que nous aurons mis cinquante siècles à barbeler de contraintes et d'angoisses.

Il n'est peut-être que temps en somme de rendre un suprême hommage à Émile Zola à la veille d'une immense déroute, une autre. Il n'est plus question de l'imiter ou de le suivre. Nous n'avons évidemment ni le don, ni la force, ni la foi qui créent les grands mouvements d'âme. Aurait-il de son côté la force de nous juger ? Nous avons appris sur les âmes, depuis qu'il est parti, de drôles de choses.

La rue des Hommes est à sens unique, la mort tient tous les cafés, c'est la belote "au sang" qui nous attire et nous garde.

L'œuvre de Zola ressemble pour nous par certains côtés à l'œuvre de Pasteur si solide, si vivante encore, en deux ou trois points essentiels. Chez ces deux hommes, transposés, nous retrouvons la même technique méticuleuse de création, le même souci de probité expérimentale et surtout le même formidable pouvoir de démonstration chez Zola devenu épique. Ce serait beaucoup trop pour notre époque. Il fallait beaucoup de libéralisme pour supporter l'affaire Dreyfus. Nous sommes loin de ces temps, malgré tout, académiques.

Selon certaines traditions, je devrais peut-être terminer mon petit travail sur un ton de bonne volonté, d'optimisme malgré tout... Or que devons-nous espérer du naturalisme dans les conditions où nous nous trouvons ? Tout et Rien. Plutôt rien, car les conflits spirituels agacent de trop près la masse de nos jours pour être tolérés longtemps. Le Doute est en train de disparaître de ce monde. On le tue en même temps que les hommes qui doutent. C'est plus sûr.

"Quand j'entends seulement prononcer autour de moi le mot *Esprit,* je crache !" nous prévenait un dictateur récent et pour cela même adulé. On se demande ce qu'il peut faire ce sous-gorille quand on lui parle du naturalisme ?

Depuis Zola, le cauchemar qui entourait l'homme non seulement s'est précisé, mais il est devenu officiel. À mesure que nos "Dieux" deviennent plus puissants ils deviennent aussi plus féroces, plus jaloux et plus bêtes... Ils s'organisent. Que leur dire ? On ne se comprend plus...

L'École naturaliste aura fait tout son devoir, je crois, au moment où on l'interdira dans tous les pays du monde.

C'était son destin.

L.F. Céline

MEA CULPA

"Il me manque encore quelques haines. Je suis certain qu'elles existent."

Ce qui séduit dans le Communisme, l'immense avantage à vrai dire, c'est qu'il va nous démasquer l'Homme, enfin ! Le débarrasser des "excuses". Voici des siècles qu'il nous berne, lui, ses instincts, ses souffrances, ses mirifiques intentions... Qu'il nous rend rêveur à plaisir... Impossible de savoir, ce cave, à quel point il peut nous mentir !... C'est le grand mystère. Il reste toujours bien en quart, soigneusement planqué, derrière son grand alibi. "L'Exploitation par le plus fort." C'est irréfutable comme condé... Martyr de l'abhorré système ! C'est un Jésus véritable !...

"Je suis ! comme tu es ! il est ! nous sommes exploités !"

Ça va finir l'imposture ! En l'air l'abomination ! Brise tes chaînes, Popu ! Redresse-toi, Dandin !... Ça peut pas durer toujours ! Qu'on te voye enfin ! Ta bonne mine ! Qu'on t'admire ! Qu'on t'examine ! de fond en comble !... Qu'on te découvre ta poésie, qu'on puisse enfin à loisir t'aimer pour toi-même ! Tant mieux, nom de Dieu ! Tant mieux ! Le plus tôt sera le mieux ! Crèvent les patrons ! En vitesse ! Ces putrides rebuts ! Ensemble ou séparément ! Mais pronto ! subito ! recta ! Pas une minute de merci ! De mort bien douce ou bien atroce ! Je m'en tamponne ! J'en frétille ! Pas un escudos de vaillant pour rambiner la race entière ! Au charnier, chacals ! À l'égout ! Pourquoi lambiner ? Ont-ils jamais, eux, velus, refusé un seul frêle otage au roi Bénéfice ? Balpeau ! Balpeau ! Haricots ! En voyez-vous des traînards ?... À la reniflette qu'on les bute ! Il faut ce qu'il faut ! C'est la lutte !... Par quatre chemins ? Quel honneur ?... Ils sont même pas amusants ! Ils sont toujours plus gaffeurs, plus cons que nature ! Faut les retourner pour qu'ils fassent rire !...

Les privilégiés, pour ma part, je n'irai pas, je le jure, m'embuer d'un seul petit œil sur leur vache charogne !... Ah ! Pas d'erreur ! Délais ? Basta ! Pas un remords ! Pas une larme ! Pas un soupir ! Une cédille ! C'est donné ! C'est l'Angélus ! Leur agonie ? C'est du miel ! Une friandise ! J'en veux ! Je m'en proclame tout régalé !...

> *Je te crèverai, charogne ! un vilain soir !*
> *Je te ferai dans les mires deux grands*
> *trous noirs !*
> *Ton âme de vache dans la danse !*
> *Prendra du champ !*
> *Tu verras cette belle assistance !...*
> *Au Four-Cimetière des Bons-Enfants !*

Ces couplets verveux me dansent au cassis ! Je les offre à tous par- dessus le marché, avec la musique ! "L'Hymne à l'Abattoir", l'air en plus ! C'est complet !...

Tout va bien ! Ça ira !
Le un s'en va ! Le joli un !
Le deux qui vient !...

Ainsi de suite chantaient en cadence nos gais pontonniers d'autrefois ! Piétinons ! Piétinons ! Trépignons dur ! Cette pertinente infection ! Il faut repasser toute la race ! Jamais depuis le temps biblique ne s'était abattu sur nous fléau plus sournois, plus obscène, plus dégradant à tout prendre, que la gluante emprise bourgeoise. Classe plus sournoisement tyrannique, cupide, rapace, tartufière à bloc ! Moralisante et sauteuse ! Impassible et pleurnicharde ! De glace au malheur. Plus inassouvible ? plus morpione en privilèges ? Ça ne se peut pas ! Plus mesquine ? plus anémiante ? plus férue de richesses plus vides ? Enfin pourriture parfaite.

Vive Pierre 1er ! Vive Louis XIV ! Vive Fouquet ! Vive Gengis Khan ! Vive Bonnot ! la bande ! et tous autres ! Mais pour Landru pas d'excuses ! Tous les bourgeois ont du Landru !

C'est ça qu'est triste ! irrémédiable ! 93, pour ma pomme, c'est les larbins... larbins textuels, larbins de gueule ! larbins de plume qui maîtrisent un soir le château, tous fous d'envie, délirants, jaloux, pillent, crèvent, s'installent et comptent le sucre et les couverts, les draps... Comptent tout !... Ils continuent... Jamais ils ont pu s'interrompre. La guillotine c'est un guichet... Ils compteront le sucre jusqu'à leur mort ! Les morceaux, fascinés. On peut tous les buter sur place... Ils sont toujours dans la cuisine. Rien à perdre ! On peut estimer pour du vent leur brelan d'intellectuels, impressionnistes confusionnistes à tendances, tantôt bafouilleux vers la gauche, tantôt sur la droite, au fond de leur putaine âme tous farouchement conservateurs, doseurs de fines arguties ; tout farcis d'arrière-pensées. Ça suffit la vue du réglisse ! Ils iront où l'on voudra, à l'odeur de la vache prébende, à la perspective du tréteau... C'est pas eux qui peuvent la racheter l'imbécillité titanesque, la crasse chromée du cheptel !... Putains de race ils découlent... À l'égout donc aussi l'engeance !... Qu'on nous en parle plus du tout !... Les autres en face, c'est du même, pénétrés, "redresseurs de torts" à 75.000 francs par an.

Se faire voir aux côtés du peuple, par les temps qui courent, c'est prendre une " assurance-nougat ". Pourvu qu'on se sente un peu juif ça devient une "assurance-vie". Tout cela fort compréhensible.

Quelle différence, je n'en vois pas, entre les Maisons de la Culture et l'Académie française ? Même narcissisme, même bornerie, même impuissance, babillage, même vide. D'autres poncifs, à peine, c'est tout. On se conforme, on se fait reluire, on se rabâche, ici et là, exactement.

Le grand nettoyage ? Question de mois ! Question de jours ! Ah ! Oui ! La chose sera bientôt faite !... Qu'on se réjouisse !... Qu'on bengalise !...

C'est facile en somme la bascule ! Le butage de la classe entière ! On n'enfonce que des portes ouvertes, et puis comment vermoulues ! Fusiller les privilégiés, c'est plus facile que des pipes !.... Tout ça c'est la gloire naturelle ! La bonne revanche du "tout petit" ! Le dédommagement mille fois juste ! Tous les damnés qui récupèrent !

O.K. !

Merde ! On peut bien le dire ! C'est pas trop tôt !... Tout ça régulier jusqu'au sang !...

Les riches on les boulottera !
Tra-tra-tra
Avec des truffes dans le croupion !
Vive le son du canon !
Boum !

Enfin voici le principal ! Voici une bonne chose de faite !... Voilà Prolo libre ! à lui, plus d'erreur possible, tous les instruments dont on cause, depuis le fifre jusqu'au tambour !... La belle usine ! Les mines ! Avec la sauce ! Le gâteau ! La banque ! Vas-y ! Et les vignes ! et le bagne aussi ! Un coup de ginglard ! Tout descend ! Nous tout seuls ! Cœur au ventre ! Prolo désormais chargé de tous les bonheurs du troupeau... Mineur ! la mine est à toi ! Descends ! Tu ne feras plus jamais grève ! Tu ne te plaindras plus jamais ! Si tu gagnes que 15 francs par jour ce seront tes 15 francs à toi !

Tout de suite faut l'avouer ça s'engueule. Il pue aussi un peu le larbin. Il a, l'homme de base, le goût des ragots...C'est véniel, ça peut s'arranger ! Mais y a tous les vilains instincts de cinquante siècles de servitude... Ils remontent dare-dare, ces tantes, en liberté, encore beaucoup mieux qu'avant ! Méfiance ! Méfiance !... la grande victime de l'Histoire ça ne veut pas dire qu'on est un ange !... Il s'en faudrait même du tout au tout !... Et pourtant c'est ça le préjugé, le grand, le bien établi, dur comme fer !...

"L'Homme est tout juste ce qu'il mange !" Engels avait découvert ça en plus, lui malin !

C'est le mensonge colossal ! L'Homme est encore bien autre chose, de bien plus trouble et dégueulasse que la question du " bouffer ". Faut pas seulement lui voir les tripes mais son petit cerveau joli !... C'est pas fini les découvertes !... Pour qu'il change il faudrait le dresser ! Est-il dressable ?... C'est pas un système qui le dressera ! Il s'arrangera presque toujours pour éluder tous les contrôles !... Se débiner en faux-fuyants ? Comme il est expert ! Malin qui le baisera sur le fait ! Et puis on s'en fout en somme ! La vie est déjà bien trop courte ! Parler morale n'engage à rien ! Ça pose un homme, ça le dissimule. Tous les fumiers sont prédicants ! Plus ils sont vicelards plus ils causent ! Et flatteurs ! Chacun pour soi !... Le programme du Communisme ? malgré les dénégations : entièrement matérialiste ! Revendications d'une brute à l'usage des brutes !... Bouffer ! Regardez la gueule du gros Marx, bouffi ! Et encore si ils bouffaient, mais c'est tout le contraire qui se passe ! Le peuple est Roi !... Le Roi la saute ! Il a tout ! Il manque de chemise !... Je parle de Russie. à Leningrad, autour des hôtels, en touriste, c'est à qui vous rachètera des pieds à la tête, de votre limace au doulos. L'individualisme foncier mène toute la farce, malgré tout, mine tout, corrompt tout. Un égoïsme rageur, fielleux, marmotteux, imbattable, imbibe, pénètre, corrompt déjà cette atroce misère, suinte à travers, la rend bien plus puante encore. Les individualismes en "botte", mais pas fondus.

Si l'existence communiste c'est l'existence en musique ; plus râlante, borgne et clocharde, plus vacharde comme par ici, alors il faut que tout le monde danse, faut plus un boiteux à la traîne.

> *Qui ne danse pas*
> *Fait l'aveu tout bas*
> *De quelque disgrâce...*

C'est la fin des hontes, du silence, des haines et des rognes cafouines, une danse pour la société tout entière, absolument tout entière.

Plus un seul infirme social, plus un qui gagne moins que les autres, qui ne peut pas danser.

Pour l'esprit, pour la joie, en Russie, y a la mécanique... La vraie terre promise ! Salut ! La providentielle trouvaille ! Il faut être "Intellectuel" éperdu dans les Beaux-Arts, ensaché depuis des siècles, embusqué, ouaté, dans les plus beaux papiers du monde, petit raisin fragile et mûr, au levant des treilles fonctionnaires, douillet fruit des contributions, délirant d'Irréalité, pour engendrer, aucune erreur, ce phénoménal baratin ! La machine salit à vrai dire, condamne, tue tout ce qui l'approche. Mais c'est dans le "bon ton" la Machine ! Ça fait "prolo", ça fait "progrès", ça fait "boulot", ça fait "base"... Ça en jette aux carreaux des masses... Ça fait connaisseur instruit, sympathisant sûr... On en rajoute... On en recommande... On s'en fait péter les soupapes... Je suis ! nous sommes dans la "ligne" ! Vive la grande Relève ! Pas un boulon qui nous manque ! L'ordre arrive du fond des bureaux ! Toute la sauce sur les

machines ! Tous les bobards disponibles !
Pendant ce temps-là, ils ne penseront pas !...

Comme Résurrection c'est fadé !... La
machine c'est l'infection même. La défaite
suprême ! Quel flanc ! Quel bidon ! La
machine la mieux stylée n'a jamais délivré
personne. Elle abrutit l'Homme plus
cruellement et c'est tout ! J'ai été médecin
chez Ford, je sais ce que je raconte. Tous les
Fords se ressemblent, soviétiques ou non !... Se
reposer sur la machine, c'est seulement une
excuse de plus pour continuer les vacheries.
C'est éluder la vraie question, la seule,
l'intime, la suprême, celle qu'est tout au fond
de tout bonhomme, dans sa viande même,
dans son cassis et pas ailleurs !... Le véritable
inconnu de toutes les sociétés possibles ou
impossibles... Personne de ça n'en parle
jamais, c'est pas "politique" !.... C'est le Tabou
colossal !... La question "ultime" défendue !
Pourtant qu'il soit debout, à quatre pattes,
couché, à l'envers, l'Homme n'a jamais eu, en
l'air et sur terre, qu'un seul tyran : lui-

même !... Il en aura jamais d'autres... C'est peut-être dommage d'ailleurs... Ça l'aurait peut-être dressé, rendu finalement social.

Voici des siècles qu'on le fait reluire, qu'on élude son vrai problème pour tout de suite le faire voter... Depuis la fin des religions, c'est lui qu'on encense et qu'on saoule à toute volée de calembredaines. C'est lui toute l'église ! Il en voit plus clair forcément ! Il est sinoque ! Il croit tout ce qu'on lui raconte du moment que c'est flatteur ! Alors deux races si distinctes ! Les patrons ? Les ouvriers ? C'est artificiel 100 pour 100 ! C'est question de chance et d'héritages ! Abolissez ! vous verrez bien que c'étaient les mêmes... Je dis les mêmes et voilà... On se rendra compte...

La politique a pourri l'Homme encore plus profondément depuis ces trois derniers siècles que pendant toute la Préhistoire. Nous étions au Moyen Age plus près d'être unis qu'aujourd'hui... un esprit commun prenait forme. Le bobard était bien meilleur "monté poésie", plus intime. Il existe plus.

Le Communisme matérialiste, c'est la Matière avant tout et quand il s'agit de matière c'est jamais le meilleur qui triomphe, c'est toujours le plus cynique, le plus rusé, le plus brutal. Regardez donc dans cette U.R.S.S. comme le pèze s'est vite requinqué ! Comme l'argent a retrouvé tout de suite toute sa tyrannie ! et au cube encore ! Pourvu qu'on le flatte Popu prend tout ! avale tout ! Il est devenu là-bas hideux de prétention, de suffisance, à mesure qu'on le faisait descendre plus profond dans la mouscaille, qu'on l'isolait davantage ! C'est ça l'effrayant phénomène. Et plus il se rend malheureux, plus il devient crâneur ! Depuis la fin des croyances, les chefs exaltent tous ses défauts, tous ses sadismes, et le tiennent plus que par ses vices : la vanité, l'ambition, la guerre, la Mort en un mot. Le truc est joliment précieux ! Ils ont repris tout ça au décuple ! On le fait crever par la misère, par son amour-propre aussi ! Vanité d'abord ! La prétention tue comme le reste ! Mieux que le reste !

La supériorité pratique des grandes religions chrétiennes, c'est qu'elles doraient pas la pilule. Elles essayaient pas d'étourdir, elles cherchaient pas l'électeur, elles sentaient pas le besoin de plaire, elles tortillaient pas du panier. Elles saisissaient l'Homme au berceau et lui cassaient le morceau d'autour. Elles le rencardaient sans ambages : "Toi petit putricule informe, tu seras jamais qu'une ordure... De naissance tu n'es que merde... Est-ce que tu m'entends ?... C'est l'évidence même, c'est le principe de tout ! Cependant, peut-être... peut-être... en y regardant de tout près... que t'as encore une petite chance de te faire un peu pardonner d'être comme ça tellement immonde, excrémentiel, incroyable... C'est de faire bonne mine à toutes les peines, épreuves, misères et tortures de ta brève ou longue existence. Dans la parfaite humilité... La vie, vache, n'est qu'une âpre épreuve ! T'essouffle pas ! Cherche pas midi à quatorze heures ! Sauve ton âme, c'est déjà joli ! Peut-être qu'à la fin du calvaire, si t'es extrêmement régulier, un héros, 'de fermer ta gueule', tu claboteras dans les principes... Mais c'est pas certain... un petit poil moins putride à la crevaison qu'en naissant... et quand tu verseras dans la nuit plus respirable qu'à l'aurore... Mais te monte pas la bourriche ! C'est bien tout !... Fais gaffe ! Spécule pas sur des grandes choses ! Pour un étron c'est le maximum !..."

Ça ! c'était sérieusement causé ! Par des vrais pères de l'Église ! Qui connaissaient leur ustensile ! qui se miroitaient pas d'illusions !

La grande prétention au bonheur, voilà l'énorme imposture ! C'est elle qui complique toute la vie ! Qui rend les gens si venimeux, crapules, imbuvables. Y a pas de bonheur dans l'existence, y a que des malheurs plus ou moins grands, plus ou moins tardifs, éclatants, secrets, différés, sournois... "C'est avec des gens heureux qu'on fait les meilleurs damnés." Le principe du diable tient bon. Il avait raison comme toujours, en braquant l'Homme sur la matière. Ça n'a pas traîné. En deux siècles, tout fou d'orgueil, dilaté par la mécanique, il est devenu impossible. Tel nous le voyons aujourd'hui, hagard, saturé, ivrogne d'alcool, de gazoline, défiant, prétentieux, l'univers avec un pouvoir en secondes ! Éberlué, démesuré, irrémédiable, mouton et taureau mélangé, hyène aussi. Charmant. Le moindre obstrué trou du cul, se voit Jupiter dans la glace. Voilà le grand miracle moderne. Une fatuité gigantesque, cosmique. L'envie tient la planète en rage, en tétanos, en surfusion. Le contraire de ce qu'on voulait arrive forcément. Tout créateur au premier mot se trouve à présent écrasé de haines, concassé, vaporisé. Le monde entier tourne critique, donc effroyablement médiocre. Critique collective, torve, larbine, bouchée, esclave absolue.

Rabaisser l'Homme à la matière, c'est la loi secrète, nouvelle, implacable... Quand on mélange au hasard deux sangs, l'un pauvre, l'autre riche, on n'enrichit jamais le pauvre, on appauvrit toujours le riche... Tout ce qui aide à fourvoyer la masse abrutie par les louanges est bienvenu. Quand les ruses ne suffisent plus, quand le système fait explosion, alors recours à la trique ! à la mitrailleuse ! aux bonbonnes !... On fait donner tout l'arsenal l'heure venue ! avec le grand coup d'optimisme des ultimes Résolutions ! Massacres par myriades, toutes les guerres depuis le Déluge ont eu pour musique l'Optimisme... Tous les assassins voient l'avenir en rose, ça fait partie du métier. Ainsi soit-il.

La misère ça se comprendrait bien qu'ils en aient marre une fois pour toutes, les hommes accablés, mais la misère c'est l'accessoire dans l'Histoire du monde moderne ! Le plus bas orgueil négatif, fatuité creuse, l'envie, la rage dominatrice, obsèdent, accaparent, cloisonnent tous ces sournois, en cabanon, l'énorme Lazaret de demain, la Quarantaine socialisante.

"Popu gafe-toi bien ! T'es suprême ! T'es affranchi comme personne ! T'es bien plus libre, compare toi-même, que les serfs d'en face ! Dans l'autre prison ! Regarde-toi dans la glace encore ! Un petit godet pour les idées ! Vote pour mézigues ! Popu t'es victime du système ! Je vais te réformer l'Univers ! T'occupe pas de ta nature ! T'es tout en or ! qu'on te répète ! Te reproche rien ! Va pas réfléchir ! coute-moi ! Je veux ton bonheur véritable ! Je vais te nommer Empereur ? Veux-tu ? Je vais te nommer Pape et Bon Dieu ! Tout ça ensemble ! Boum ! Ça y est ! Photographie !"

Là-bas de Finlande à Bakou le miracle est réalisé ! On peut pas dire le contraire. Ah ! il en est malade Prolo de ce vide tout autour de lui, soudain. Il s'est pas encore habitué. C'est grand un ciel pour soi tout seul ! Il faut qu'on la découvre bien vite la quatrième dimension ! La véritable dimension ! Celle du sentiment fraternel, celle de l'identité d'autrui. Il peut plus accabler personne... Y a plus d'exploiteurs à buter...

"Toutes tes peines seront les miennes"... et l'Homme plus il se comprime et se complique, plus il s'éloigne de la nature, plus il a des peines forcément... Ça peut aller que de mal en pire de ce côté-là, du côté du système nerveux. Le Communisme par-dessus tout, même encore plus que les richesses, c'est toutes les peines à partager. Y aura toujours, c'est fatal, c'est la loi biologique, le progrès n'y changera rien, au contraire, beaucoup plus de peines que de joies à partager... Et toujours, toujours davantage... Le cœur pourtant ne s'y met pas.

C'est difficile de le décider... Il rechigne... Il se dérobe... cherche des excuses... Il pressent... Automatiquement, c'est la foire ! Un système communiste sans communistes. Tant pis ! Mais il faut rien en laisser paraître ! Qui dira "pouce" sera pendu !...

À nous donc les balivernes ! À notre renfort tous les supposés cataclysmes ! Les ennemis rocambolesques ! Il faut occuper les tréteaux ! Qu'on renverse pas la cabane ! Les coalitions farouches ! Les complots charognissimes ! Les procès apocalyptiques ! Faut retrouver du Démon ! Le même à toute extrémité ! Le bouc de tous les malheurs ! Noyer le poisson à vrai dire ! Étouffer la dure vérité : que ça ne colle pas les "hommes nouveaux" ! Qu'ils sont tous fumiers comme devant !

Encore nous ici on s'amuse ! On est pas forcé de prétendre ! On est encore des "opprimés" ! On peut reporter tout le maléfice du Destin sur le compte des buveurs de sang ! Sur le cancer "l'Exploiteur". Et puis se conduire comme des garces. Ni vu ni connu !... Mais quand on a plus le droit de détruire ? et qu'on peut même pas râler ? La vie devient intolérable !...

Jules Renard l'écrivait déjà : "Il ne suffit pas d'être heureux, il faut que les autres ne le

soient pas." Ah ! C'est un vilain moment, celui
où on se trouve forcé de prendre pour soi
toute la peine, celle des autres, des inconnus,
des anonymes, qu'on bosse tout entièrement
pour eux... On y avait juré à Prolo que c'était
justement les "autres" qui représentaient
toute la caille, le fiel profond de tous ses
malheurs ! Ah ! l'entôlage ! La putrissure ! Il
trouve plus les "autres"...

Pourtant on l'enferme soigneusement, le
nouvel élu de la société rénovée... Même à
"Pierre et Paul" la prison fameuse, les
séditieux d'autrefois étaient pas si bien
gardés. Ils pouvaient penser ce qu'ils
voulaient. Maintenant c'est fini totalement.
Bien sûr plus question d'écrire ! Il est protégé,
Prolovitch, on peut bien l'affirmer, comme
personne, derrière cent mille fils barbelés, le
choyé du nouveau système ! contre les impurs
extérieurs et même contre les relents du
monde décati. C'est lui qu'entretient,
Prolovitch, la police (sur sa propre misère) la
plus abondante, la plus soupçonneuse, la plus

carne, la plus sadique de la planète. Ah ! on le laisse pas seul ! La vigilance est impeccable ! On l'enlèvera pas, Prolovitch !... Il s'ennuie quand même !... Ça se voit bien ! Il s'en ferait crever de sortir ! De se transformer en "Extourist" pour varier un peu ! Il reviendrait jamais. C'est un défi qu'on peut lancer aux Autorités Soviétiques. Aucun danger qu'elles essayent ! On est bien tranquilles ! Elles tenteront pas ! Il resterait plus là-bas personne !

Chez nous, il pourrait se divertir, Prolovitch ! Y a encore des petits loisirs, des drôles de fredaines clandestines, du plaisir enfin ! Même l'exploité 600 pour 100, il a gardé ses distractions ! Comme il aime jaillir du boulot dans un smoking tout neuf (location), jouer les millionnaires whisky ! Se régaler de cinéma ! Il est bourgeois jusqu'aux fibres ! Il a le goût des fausses valeurs. Il est singe. Il est corrompu... Il est fainéant d'âme... Il n'aime que ce qui coûte cher ! ou à défaut, ce qui lui semble tel ! Il vénère la force. Il méprise le faible. Il est crâneur, il est vain ! Il soutient toujours le "faisan". Visuel avant tout, faut que ça se voye ! Il va au néon comme la mouche. Il y peut rien. Il est clinquant. Il s'arrête tout juste à côté de ce qui pourrait le rendre heureux, l'adoucir. Il souffre, se mutile, saigne, crève et n'apprend rien. Le sens organique lui manque. Il s'en détourne, il le redoute, il rend la vie de plus en plus âpre. Il se précipite vers la mort à grands coups de matière, jamais assez... Le plus rusé, le plus cruel, celui qui gagne à ce jeu, ne possède en définitive que plus d'armes en main, pour tuer encore davantage, et se tuer. Ainsi sans limite, sans fin, les jeux sont faits !... C'est joué ! C'est gagné !...

Là-bas, l'Homme se tape du concombre. Il est battu sur toute la ligne, il regarde passer "Commissaire" dans sa Packard pas très neuve... Il travaille comme au régiment, un régiment pour la vie... La rue même faut pas qu'il abuse ! On connaît ça, ses petites manières ! Comment qu'on le vide à la crosse !... C'est l'avenir seulement qu'est à lui ! Comme ici exactement !... "Demain on rasera gratis"... Pourquoi ça biche pas, Tartempion ? C'est l'instinct juste qu'a manqué ! C'est tout simple ! Au fond, qu'on y réfléchisse, y avait pas besoin d'attendre pour partager les richesses. On aurait pu se les répartir déjà dans les temps agricoles, tout au début des humains... Pourquoi donc tous ces chichis ? Les fourmis elles ont pas d'usines, ça les a jamais empêchées... "Tous pour tous"... C'est leur devise !

Capital ! Capital ! Faut plus rugir, c'est toi tout entier, Prolo ! de la Rolandique au croupion... Popu, t'es seul ! T'as plus personne pour t'accabler ! Pourquoi ça recommence les vacheries ?... Parce qu'elles remontent spontanées de ta nature infernale, faut pas te faire d'illusion, ni de bile, *sponte sua.* Ça recommence.

Pourquoi le bel ingénieur il gagne des 7000 roubles par mois ? Je parle de là-bas en Russie,

la femme de ménage que 50 ? Magie !
Magie ! Qu'on est tous des fumiers ! là-bas
comme ici ! Pourquoi la paire de tatanes elle
coûte déjà 900 francs ? et un ressemelage
bien précaire (j'ai vu) dans les 80 ?... Et les
hôpitaux ? Celui, le beau du Kremlin à part et
les salles pour "l'Intourisme". Les autres sont
franchement sordides ! Ils ne vivent guère
qu'au 1/10e d'un budget normal. Toute la
Russie vit au dixième du budget normal, sauf
Police, Propagande, Armée...

Tout ça c'est encore l'injustice rambinée sous
un nouveau blase, bien plus terrible que
l'ancienne, encore bien plus anonyme,
calfatée, perfectionnée, intraitable, bardée
d'une myriade de poulets extrêmement
experts en sévices. Oh ! pour nous fournir des
raisons de la déconfiture canaille, de la
carambouille gigantesque, la dialectique fait
pas défaut !... Les Russes baratinent comme
personne ! Seulement qu'un aveu pas
possible, une pilule qu'est pas avalable : que
l'Homme est la pire des engeances !... qu'il

fabrique lui-même sa torture dans n'importe quelles conditions, comme la vérole son tabès... C'est ça la vraie mécanique, la profondeur du système !... Il faudrait buter les flatteurs, c'est ça le grand opium du peuple...

L'Homme il est humain à peu près autant que la poule vole. Quand elle prend un coup dur dans le pot, quand une auto la fait valser, elle s'enlève bien jusqu'au toit, mais elle repique tout de suite dans la bourbe, rebecqueter la fiente. C'est sa nature, son ambition. Pour nous, dans la société, c'est exactement du même. On cesse d'être si profond fumier que sur le coup d'une catastrophe. Quand tout se tasse à peu près, le naturel reprend le galop. Pour ça même, une Révolution faut la juger vingt ans plus tard.

"Je suis ! tu es ! nous sommes des ravageurs, des fourbes, des salopes !" Jamais on dira ces choses-là. Jamais ! Jamais ! Pourtant la vraie

Révolution ça serait bien celle des Aveux, la grande purification !

Mais les Soviets ils donnent dans le vice, dans les artifices saladiers. Ils connaissent trop bien les goupilles. Ils se perdent dans la propagande. Ils essayent de farcir l'étron, de le faire passer au caramel. C'est ça l'infection du système.

Ah ! il est remplacé le patron ! Ses violences, ses fadaises, ses ruses, toutes ses garceries publicitaires ! On sait la farder la camelote ! Ça n'a pas traîné bezef ! Ils sont remontés sur l'estrade les nouveaux souteneurs !... Voyez les nouveaux apôtres... Gras de bide et bien chantants !.... Grande Révolte ! Grosse Bataille ! Petit butin ! Avares contre Envieux ! Toute la bagarre c'était donc ça ! En coulisse on a changé de frime... Néo-topazes, néo-Kremlin, néo-garces, néo-lénines, néo-jésus ! Ils étaient sincères au début... à présent, ils ont tous compris ! (Ceux qui comprennent pas : on fusille). Ils sont pas fautifs mais soumis !...

Ça serait pas eux, ça serait des autres...
L'expérience leur a profité... Ils se tiennent en
quart comme jamais... L'âme maintenant
c'est la "carte rouge"... Elle est perdue ! Plus
rien !... Ils les connaissent eux tous les tics, tous
les vices du vilain Prolo... Qu'il pompe ! Qu'il
défile ! Qu'il souffre ! Qu'il crâne !... Qu'il
dénonce !... C'est sa nature !... Il y peut rien !...
Le prolétaire ? en "maison" ! Lis mon journal !
Lis mon cancan, juste celui-là ! Pas un autre !
et mords la force de mes discours ! Surtout va
jamais plus loin, vache ! Ou je te coupe la
tête ! Il mérite que ça, pas autre chose !... La
cage !... Quand on va chercher les flics on sait
bien tout ce qui vous attend !... Et c'est pas fini
encore ! On fera bien n'importe quoi, pour
pas avoir l'air responsables ! On bouchera
toutes les issues. On deviendra "totalitaires !"
Avec les juifs, sans les juifs. Tout ça n'a pas
d'importance !... Le Principal c'est qu'on
tue !... Combien ont fini au bûcher parmi les
petits croyants têtus pendant les époques
obscures ?... Dans la gueule des lions ?.. Aux
galères ?... Inquisitionnés jusqu'aux moelles ?

Pour la Conception de Marie ? ou trois versets du Testament ? On peut même plus les compter ! Les motifs ? Facultatifs !... C'est même pas la peine qu'ils existent !... Les temps n'ont pas changé beaucoup à cet égard-là ! On n'est pas plus difficiles ! On pourra bien tous calancher pour un fourbi qu'existera pas ! Un Communisme en grimaces ! .... Ça n'a vraiment pas d'importance au point où nous sommes !... Ça, c'est mourir pour une idée ou je m'y connais pas !... On est quand même purs sans le savoir !... à bien calculer quand on songe, c'est peut-être ça L'Espérance ? Et l'avenir esthétique aussi ! Des guerres qu'on saura plus pourquoi !... De plus en plus formidables ! Qui laisseront plus personne tranquille !... que tout le monde en crèvera... deviendra des héros sur place... et poussière par-dessus le marché !... Qu'on débarrassera la Terre... Qu'on a jamais servi à rien... Le nettoyage par l'Idée...

À L'AGITÉ DU BOCAL

C'est en 1948 que Céline, ayant appris que Sartre dans "Portrait d'un antisémite" (*Les Temps Modernes*, décembre 1945, texte repris plus tard en volume chez Gallimard sous le titre de *Réflexions sur la Question juive*) avait écrit : "Si Céline a pu soutenir les thèses socialistes des Nazis, c'est qu'il était payé", écrivit ce pamphlet en réponse. Il l'envoya à Jean Paulhan qui ne le publia pas, et le double à Albert Paraz qui le reproduisit à la fin de son livre *Le Gala des vaches*, où il passa inaperçu. Une édition à 200 exemplaires en fut tirée par les soins de ses amis (P. Lanauve de Tartas, Paris, s.d.).

Je ne lis pas grand-chose, je n'ai pas le temps. Trop d'années perdues déjà en tant de bêtises et de prison ! Mais on me presse, adjure, tarabuste. Il faut que je lise absolument, paraît-il, une sorte d'article, le *Portrait d'un Antisémite*, par Jean-Baptiste Sartre (*Temps modernes*, décembre 1945). Je parcours ce long devoir, jette un œil, ce n'est ni bon ni mauvais, ce n'est rien du tout, pastiche... une façon de "Lamanièredeux"... Ce petit J.-B. S. a lu *l'Étourdi*, *l'Amateur de*

Tulipes, etc. Il s'y est pris, évidemment, il n'en sort plus... Toujours au lycée, ce J.-B. S. ! toujours aux pastiches, aux "Lamanièredeux"... La manière de Céline aussi... et puis de bien d'autres... "Putains", etc... "Têtes de rechange"... "Maia"... Rien de grave, bien sûr. J'en traîne un certain nombre au cul de ces petits "Lamanièredeux"... Qu'y puis-je ? Étouffants, haineux, foireux, bien traîtres, demi-sangsues, demi-ténias, ils ne me font point d'honneur, je n'en parle jamais, c'est tout. Progéniture de l'ombre. Décence ! Oh ! je ne veux aucun mal au petit J.-B. S. ! Son sort où il est placé est bien assez cruel ! Puisqu'il s'agit d'un devoir, je lui aurais donné volontiers sept sur vingt et n'en parlerais plus... Mais page 462, la petite fiente, il m'interloque ! Ah ! le damné pourri croupion ! Qu'ose-t-il écrire ? *"Si Céline a pu soutenir les thèses socialistes des nazis c'est qu'il était payé.* " Textuel. Holà ! Voici donc ce qu'écrivait ce petit bousier pendant que j'étais en prison en plein péril qu'on me pende. Satanée petite saloperie gavée de merde, tu me sors de l'entre-fesse pour me salir au dehors ! Anus Caïn pfoui. Que cherches-tu ? Qu'on m'assassine ! C'est l'évidence ! Ici ! Que je t'écrabouille ! Oui !... Je le vois en photo, ces gros yeux... ce crochet... cette ventouse baveuse... c'est un cestode ! Que n'inventerait-il, le monstre, pour qu'on m'assassine ! À peine sorti de mon cacao, le voici qui me dénonce ! Le plus fort est que page 451 il a le fiel de nous prévenir : *"Un homme qui trouve naturel de dénoncer des hommes ne peut avoir notre conception de l'honneur, même ceux dont il se fait le bienfaiteur, il ne les voit pas avec nos yeux, sa générosité, sa douceur, ne sont pas semblables à notre douceur, à notre générosité, on ne peut pas localiser la passion."* Dans mon cul où il se trouve, on ne peut pas demander à J.-B. S. d'y voir bien clair, ni de s'exprimer nettement, J.-B. S. a semble-t-il cependant prévu le cas de la solitude et de l'obscurité dans mon anus... J.-B. S. parle évidemment de lui-même lorsqu'il écrit page 451 : *"Cet homme redoute toute espèce de solitude,*

53

celle du génie comme celle de l'assassin." Comprenons ce que parler veut dire... Sur la foi des hebdomadaires J.-B. S. ne se voit plus que dans la peau du génie. Pour ma part et sur la foi de ses propres textes, je suis bien forcé de ne plus voir J.-B. S. que dans la peau d'un assassin, et encore mieux, d'un foutu donneur, maudit, hideux, chiant pourvoyeur, bourrique à lunettes. Voici que je m'emballe ! Ce n'est pas de mon âge, ni de mon état... J'allais clore là... dégoûté, c'est tout... Je réfléchis... Assassin et génial ? Cela s'est vu... Après tout... C'est peut-être le cas de Sartre ? Assassin il est, il voudrait l'être, c'est entendu mais, génial ? Petite crotte à mon cul génial ? hum ?... c'est à voir... oui certes, cela peut éclore... se déclarer... mais J.-B. S. ? Ces yeux d'embryonnaire ? ces mesquines épaules ?... ce gros petit bidon ? Ténia bien sûr, ténia d'homme, situé où vous savez... et philosophe !... c'est bien des choses... Il a délivré, parait-il, Paris à bicyclette. Il a fait joujou... au Théâtre, à la Ville, avec les horreurs de l'époque, la guerre, les supplices, les fers, le feu. Mais les temps évoluent, et le voici qui croît, gonfle énormément, J.-B. S. ! Il ne se possède plus... il ne se connaît plus... d'embryon qu'il est il tend à passer créature... le cycle... il en a assez du joujou, des tricheries... il court après les épreuves, les vraies épreuves... la prison, l'expiation, le bâton, et le plus gros de tous les bâtons : le Poteau... le Sort entreprend J.B.-S... les Furies ! finies les bagatelles... Il veut passer tout à fait monstre ! Il engueule de Gaulle du coup !

Quel moyen ! Il veut commettre l'irréparable ! Il y tient ! Les sorcières vont le rendre fou, il est venu les taquiner, elles ne le lâcheront plus... Ténia des étrons, faux têtard, tu vas bouffer la Mandragore ! Tu passeras succube ! La maladie d'être maudit évolue chez Sartre... Vieille maladie, vieille comme le monde, dont toute la littérature est pourrie... Attendez J.-B. S. avant que de commettre les gaffes suprêmes !... Tâtez-vous ! Réfléchissez que l'horreur n'est rien sans le Songe et sans la Musique... Je vous vois bien ténia, certes, mais pas cobra, pas cobra du tout... nul à la flûte ! Macbeth n'est que du Grand-Guignol, et des mauvais jours, sans musique, sans rêve... Vous êtes méchant, sale, ingrat, haineux, bourrique, ce n'est pas tout J.-B. S. ! Cela ne suffit pas... Il faut danser encore !... Je veux bien me tromper bien sûr... Je ne demande pas mieux... J'irai vous applaudir lorsque vous serez enfin devenu un vrai monstre, que vous aurez payé, aux sorcières, ce qu'il faut, leur prix, pour qu'elles vous transmutent, éclosent, en vrai phénomène. En ténia qui joue de la flûte.

M'avez-vous assez prié et fait prier par Dullin, par Denoël, supplié "sous la botte" de bien vouloir descendre vous applaudir ! Je ne vous trouvais ni dansant, ni flûtant, vice terrible à mon sens, je l'avoue...

Mais oublions tout ceci ! Ne pensons plus qu'à l'avenir ! Tâchez que vos démons vous inculquent la flûte ! Flûte d'abord ! Retardez Shakespeare, lycéen ! 3/4 de flûte, 1/4 de sang... 1/4 suffit je vous assure... mais du vôtre d'abord ! avant tous les autres sangs. L'Alchimie a ses lois... le "sang des autres" ne plaît point aux Muses... Réfléchissons... Vous avez emporté tout de même votre petit succès au "Sarah", *sous la Botte*, avec vos *Mouches*... Que ne troussez-vous maintenant trois petits actes, en vitesse, de circonstance, sur le pouce, *Les Mouchards* ? Revuette rétrospective... L'on vous y verrait en personne, avec vos petits potes, en train d'envoyer vos confrères détestés, dits "Collaborateurs" au bagne, au poteau, en exil... Serait-ce assez cocasse ? Vous-même, bien entendu, fort de votre texte au tout premier rôle... en ténia persifleur et philosophe... Il est facile d'imaginer cent coups de théâtre, péripéties et rebondissements des plus farces dans le cours d'une féerie de ce genre... et puis au tableau final un de ces "Massacre Général" qui secouera toute l'Europe de folle rigolade ! (Il est temps !) Le plus joyeux de la décade ! Qu'ils en pisseront, foireront encore à la 500e !... et bien au-delà !

(L'au-delà ! Hi ! Hi !) L'assassinat des "Signataires", les uns par les autres !... vous-même par Cassou... cestuy par Eluard ! l'autre par sa femme et Mauriac ! et ainsi de suite jusqu'au dernier !... Vous vous rendez compte ! L'Hécatombe d'Apothéose ! Sans oublier la chair, bien sûr !... Grand défilé de filles superbes, nues, absolument dandinantes... orchestre du Grand Tabarin... Jazz des "Constructeurs du Mur"... "Atlantist Boys"... concours assuré... et la grande partouze des fantômes en surimpression lumineuse... 200.000 assassinés, forçats, choléras, indignes... et tondues ! à la farandole ! du parterre du Ciel ! Choeur des "Pendeurs de Nuremberg"... Et dans le ton vous concevez *plus-qu'existence, instantaniste, massacriste...* Ambiance par hoquets d'agonie, bruits de coliques, sanglots, ferrailles... "Au secours !"... Fond sonore : "Machines à Hurrahs !"... Vous voyez ça ? Et puis pour le clou, à l'entr'acte : Enchères de menottes ! et *Buvette au sang.* Le *Bar futuriste absolu.* Rien que du vrai sang ! au bock, cru, certifié des hôpitaux... du matin même ! sang d'aorte, sang de fœtus, sang d'hymen, sang de fusillés !... Tous les goûts ! Ah ! quel avenir J.-B. S. ! Que vous en ferez des merveilles quand vous serez éclos Vrai Monstre ! Je vous vois déjà hors de fiente, jouant déjà presque de la flûte, de la vraie petite flûte ! à ravir !... déjà presque un vrai petit artiste ! Sacré J.-B. S.

DÉJÀ PUBLIÉ

www.ingramcontent.com/pod-product-compliance
Lightning Source LLC
Chambersburg PA
CBHW051953060726
47506CB00011B/846

AUTRES PAMPHLETS

Les hommes sont des mystiques de la mort dont il faut se méfier.

La position de l'homme au milieu de son fatras de lois, de coutumes, de désirs, d'instincts noués, refoulés, est devenue si périlleuse, si artificielle, si arbitraire, si tragique et si grotesque en même temps, que jamais la littérature ne fut si facile à concevoir qu'à présent, mais aussi plus difficile à supporter. Nous sommes environnés de pays entiers d'abrutis anaphylactiques, le moindre choc les précipite dans des convulsions meurtrières à n'en plus finir.

Nous voici parvenus au but de vingt siècles de haute civilisation et cependant aucun régime ne résisterait à deux mois de vérité.

L'homme ne peut persister en effet dans aucune de ces formes sociales, entièrement brutales, toutes masochistes, sans la violence d'un mensonge permanent et de plus en plus massif, répété frénétique "totalitaire" comme on l'intitule.

ISBN 978-1-912452-30-9

90000

9 781912 452309

www.omnia-veritas.com

OMNIA VERITAS